PRIX : 0 fr. 10

Jean Grave

L'entente pour l'action

PARIS, AUX BUREAUX DES *TEMPS NOUVEAUX*
4, Rue Broca, 4
1911

Groupe de Propagande par la Brochure

La propagande par la Brochure est une des meilleures propagandes si on peut la faire avec suite.

Le Révolté, La Révolte, Les Temps Nouveaux s'y sont employés de leur mieux. A l'heure actuelle, plus de 60 brochures diverses, dont les différents tirages réunis, dépassent un million d'exemplaires, ont été lancées par eux.

Malheureusement, les fonds manquent pour pouvoir en imprimer plus souvent de nouvelles, ou réimprimer, lorsque c'est nécessaire, celles qui sont épuisées.

Il s'agit donc de trouver **500** souscripteurs s'engageant à verser chacun **12** francs par an. Nous serions alors en mesure d'imprimer chaque mois — ou de réimprimer parmi celles épuisées — une nouvelle brochure de **0 fr. 10** ou deux de **0 fr. 05**.

Par contre, voici les avantages que nous offrons aux souscripteurs :

1º A chaque tirage, il leur sera expédié **15** exemplaires, si c'est une brochure à **0 fr. 10**; **30** exemplaires, si c'est une à **0 fr. 05**. C'est-à-dire le montant de leur souscription calculé avec une remise de 40%, frais d'envoi déduits.

Ce qui leur permettra de s'employer à la propagande, en faisant circuler les brochures parmi ceux qu'ils connaissent, soit en les distribuant eux-mêmes, soit par la poste lorsqu'ils ne voudront pas faire savoir qu'ils s'intéressent à la propagande.

2º A chaque souscripteur, qui sera libéré de sa souscription, il sera envoyé une lithographie spécialement tirée pour les souscripteurs.

Cette lithographie, ne sera pas mise en vente et vaudra, à elle seule, largement, le prix de souscription. Pour cette année, c'est Steinlen qui a bien voulu s'en charger.

3º A ceux qui souscriront **15** francs par an, il sera expédié un nombre de brochures dont le montant égalera celui de la souscription, calculé, toujours avec une remise de 40 %, plus une eau-forte qui, elle aussi, sera tirée spécialement pour eux, et non mise dans le commerce.

Ceux qui savent le prix d'une eau-forte artistique apprécieront le cadeau que nous leur offrons. Pour cette année, elle sera de Frédéric Jacque.

4º A ceux qui souscriront au-dessus de **15** francs il sera fait cadeau de la lithographie et de l'eau-forte.

Au camarade qui nous trouvera **10** souscripteurs, il sera fait cadeau de la lithographie. — Celui qui en trouvera **20** recevra l'eau-forte.

Les souscriptions peuvent être versées par fractions mensuelles ou trimestrielles, etc., au gré des souscripteurs.

A ceux qui s'engageront mensuellement et qui ne se libéreraient pas de leur promesse, il sera, à la fin du trimestre, adressé un remboursement pour les 3 mois.

**Adresser les souscriptions au camarade Ch. BENOIT,
3, rue Bérite, PARIS.**

N.-B. — En discutant avec des camarades, il est facile de leur glisser une brochure, et de leur arracher deux sous. Les souscripteurs pourront ainsi récupérer le montant de leur souscription, et augmenter leur propagande.

Brochures à l'étude : *La Lutte contre la tuberculose* de Pierrot. — *L'Hygiène des nourrissons*, de Michel Petit, couverture de Rodo-Pissarro. — *Les aliments*, de Michel Petit. — *L'anarchie dans l'évolution; La loi et l'autorité*, de Kropotkine.

Publications des « TEMPS NOUVEAUX » — N° 45

Jean GRAVE

L'entente pour l'Action

(Tirage 10.000 Exemplaires)

PRIX : 0 FR. 10

PARIS
AU BUREAU DES "TEMPS NOUVEAUX"
4, Rue Brocca, 4

1911

L'Entente pour l'Action

De temps à autre, quelques mécontents, révolutionnaires ou anarchistes, se plaignent que l'on piétine sur place! qu'il faut faire quelque chose! Ces récriminations reviennent de temps à autre, comme une ritournelle, surtout lorsque d'aucuns ne savent à quoi employer leurs forces et leur temps, ou lorsque les événements ne prennent pas la direction qu'ils voudraient leur imprimer.

C'est pourquoi il ne faut pas prendre trop au pied de la lettre ces récriminations et s'imaginer que les anarchistes n'ont fait que bavarder ou dormir sur leurs lauriers. Il serait difficile de le soutenir.

Que tout ce qui aurait pu être fait ait été fait, que chacun ait donné la somme d'efforts qu'il aurait pu donner ça c'est une autre paire de manches. Et lorsque nous envisageons toute la besogne qui « pourrait être faite », si tous ceux qui se prétendent anarchistes voulaient donner la somme d'efforts *qu'ils peuvent* donner (1) on peut, certes, regretter que ces efforts ne soient pas faits.

Mais, si en constatant qu'il y a peu de fait en comparaison de ce qu'il faudrait qu'il soit fait, et de ce qui pourrait être fait, si chacun voulait donner l'effort dont il est capable, si nous regardons derrière nous, si nous

(1) Bien entendu, je ne parle pas de la somme d'efforts dont un individu est capable, mais seulement de la part qu'il peut donner à la propagande.

comparons notre petit nombre, le peu de ressources dont on a disposé et du chemin parcouru depuis trente ans, on peut constater que des progrès inespérés ont été faits et que, par conséquent, le reproche « on ne fait rien », signifie seulement que ceux qui l'émettent ne sont pas contents de ce que font les autres, — et de ce qu'ils font eux-mêmes, je l'espère pour eux.

« Ils veulent faire quelque chose ». Mais « vouloir faire quelque chose » implique que l'on ne sait pas quoi faire, sans cela on nous dirait : « Faisons telle ou telle chose » ! Et, faute de mieux, on décide que si les anarchistes n'ont rien fait, c'est parce qu'ils manquent de cohésion, qu'il faut les rassembler en un vaste groupement qui leur donnera ce qui leur manque.

C'est, à mon humble avis, vouloir asseoir une pyramide sur sa pointe. Si la cohésion manque aux anarchistes, ce n'est pas parce qu'ils ne sont pas groupés, mais parce qu'ils manquent de la volonté d'agir, ou n'ont pas su trouver la besogne à faire pouvant les intéresser qui les aurait groupés.

Et ce manque de volonté tient à une foule de raisons qu'il est bon d'analyser avant de voir ce qui pourrait être fait.

Lorsque, il y a une trentaine d'années, les anarchistes se séparèrent des socialistes révolutionnaires tombés dans le « programme minimum », ils y furent entraînés, d'abord à cause de la trahison des guesdistes qui étaient allés, chez Marx, chercher le programme électoral dit minimum, et qu'ils étaient déjà antiparlementaires, antiétatistes, antimilitaristes. oui ; mais ce que tout cela était vague, mal défini, et ce que toutes les idées qui s'y associent avaient besoin de se préciser. Certes, nous sentions d'instinct où il fallait aller, mais que de survivances dans nos façons d'agir et de nous exprimer.

Cette précision, cette définition, ce classement des idées purent s'opérer parce que les anarchistes, refusant de se mêler aux autres mouvements, ils purent, entre eux, poursuivre sans entraves — je parle des entraves apportées par la création d'un parti — cette élucidation des idées dont ils avaient besoin, avant de tenter des besognes pratiques.

C'est parce que chacun put dire ce qu'il pensait, et agir comme il l'entendait, que toutes les définitions purent se faire jour, chacun se ralliant à la définition qui répondait le mieux à ses propres aspirations.

Cette liberté eut ses avantages et ses inconvénients. Quelques détraqués, quelques ignorants, qui prennent pour de la logique leur inaptitude à voir un ensemble de faits, purent faire une besogne néfaste et servir de jouets à ceux qui avaient intérêt à discréditer l'idée anarchiste, ou jeter le trouble dans les cerveaux, mais en somme, le bien, à mon avis, l'emporte sur le mal, et il n'y a nullement à regretter que l'évolution ait suivi ce chemin. Je ne la désirerais pas autre.

Mais, de ce que les anarchistes ont bataillé en tirailleurs, s'ensuit-il que, dans les luttes qu'ils menèrent, l'entente et la solidarité ne se firent pas jour? Il ne faudrait pas connaître le mouvement pour oser l'affirmer.

Si elles ne se cristallisèrent pas en fédérations, en groupes centralisés, ayant des organes représentatifs, les anarchistes surent se sentir les coudes pour se défendre contre les attaques du dehors; s'ils se dispersaient pour propager leurs conceptions particulières, ils surent faire bloc lorsque c'était nécessaire.

L'isolement ne s'est fait sentir que lorsque, devenus plus nombreux, ne se connaissant pas, des éléments hétérogènes trouvèrent plus de facilité pour accomplir parmi nous leur besogne de désagrégation.

Il y a aussi que l'esprit de prosélytisme, qui animait les premiers anarchistes, manque chez les nouveaux, et c'est à cette absence qu'il faut attribuer les motifs d'inertie de la plupart de ceux qui se prétendent anarchistes.

Cette disparition de l'esprit de prosélytisme tient à différentes causes, dont la principale est une mauvaise digestion des idées, et, surtout, à la besogne néfaste accomplie par ceux qui s'intitulent « individualistes », mais que moi j'appelle des bourgeois ratés, auxquels il ne manque que le capital pour faire les types les plus accomplis du mufle exploiteur.

Sous prétexte que « l'individu est tout, qu'il prime tout », on a soutenu que, pour l'individu, le meilleur moyen de travailler à changer l'état social était d'abord de travailler à s'affranchir soi-même », chose excellente en soi, mais par n'importe quels moyens, ce qui justifiait tous les appétits.

De plus, cette exaltation de l'individu n'a pas été sans détraquer quelques cerveaux faibles; ajoutez-y quelques lectures mal digérées, et nous avons cette sorte d'anarchistes qui prétendent tout enseigner aux autres, sans avoir besoin d'apprendre eux-mêmes.

D'autre part, ce sentiment que, pour être anarchiste, il fallait connaître un peu plus que les autres, allié au sentiment de la valeur individuelle, cela a développé chez quelques individus mal équilibrés, un orgueil insupportable qui fait qu'ils se croiraient diminués, s'ils consentaient à travailler à la diffusion d'idées courantes, professées par le commun des anarchistes. Ceux-là ne veulent faire de la propagande qu'à condition d'être en tête, et c'est ce qui fait qu'il semble y avoir tant de division parmi les anarchistes, alors qu'en réalité, il n'y a que des différences d'interprétation suggérées par une sotte vanité chez quelques-uns.

De tout ceci, il ressort que tout n'a pas été parfait dans ce qui s'est accompli, et qu'il aurait pu se faire mieux; mais cela a été comme cela pouvait être, étant donnée l'imperfection humaine. Ne demandons aux hommes que ce qu'ils peuvent donner. Et, aujourd'hui, que la période d'incubation des idées est passée, aujourd'hui qu'elles ont acquis assez de netteté et de précision pour qu'en nous jetant dans la mêlée, nous ne risquions pas de perdre pied, maintenant que nos idées bien assises nous ouvrent, chaque jour, des horizons nouveaux, nous apportent de nouvelles indications d'ac-

nous, nous devons chercher des modes d'agir en dehors de ceux qui nous furent légués par les conceptions que nous avons rejetées. Ces moyens existent, à nous de les trouver.

Une autre ritournelle, c'est que « nous avons suffisamment de théorie, que nous en sommes saturés, que ce qu'il nous faut, c'est de l'action ».

Encore un reproche qui n'est pas nouveau. De tous temps, il a existé des gens pour affirmer que la théorie c'était de la blague, que de la discussion ils en avaient par-dessus la tête, qu'il n'y a qu'une chose de vraie, l'action!

Parmi ceux qui font ce reproche, il faut distinguer. Il y en a qui sont de bonne foi, et de ce que leur tempérament les pousse à se dépenser autrement qu'en efforts pour faire comprendre à ceux qui ne savent pas, s'imaginent que les efforts en ce sens sont inutiles; mais il y a ceux pour qui faire de l'action consiste à n'user que d'une phraséologie ultra-violente, pour engager... les autres à agir.

A ceux-là on peut répondre que l'action se fait et ne se prêche pas, et aux premiers qu'il y a toute sorte d'action, que c'est à chacun de se grouper pour le genre qui lui convient. Nous reviendrons sur ce point plus loin.

Mais il y en a une troisième sorte, ce sont ceux qui, sous prétexte que la théorie ne peut rien leur apporter, prétendent s'employer à des besognes plus pratiques. Ce qui ne cache, en réalité, qu'un retour déguisé vers les partis parlementaires qui ne s'avouent pas encore tels.

Dans une brochure : *Initiative, organisation, cohésion* (1) que personne, ou, pour être plus exact, presque personne ne lit, j'ai, il y a quelques années, essayé de dire ce que je pense sur le sujet; on m'excusera donc si je me répète, mais puisqu'il faut longtemps taper sur le même clou pour qu'il s'enfonce, se répéter est un devoir.

(1) 0 fr. 10 aux *Temps Nouveaux*.

Donc, on se plaint qu'il manque d'entente parmi les anarchistes, mais pour la diffusion des idées anarchistes qui, sauf dans les lignes générales, ne comportent pas d'unité, cette entente est-elle si indispensable?

Ce que nous voulons, c'est que toutes les idées qui tendent à la dispersion de l'état social actuel, à l'anéantissement de l'autorité, voulant, pour chacun, la liberté d'exprimer ses propres idées, et celle de les réaliser, il y aura donc de tous temps, forcément, de par les différences de conceptions, émiettement, éparpillement des efforts. Qu'importe cela. L'idée gagnera en largeur ce qu'elle semblera perdre en cohésion et en intensité.

Je dis semblera, car la certitude de travailler à la diffusion de leurs propres idées poussera les individus à dépenser toute la somme d'efforts dont ils sont capables, que leur permettent les conditions de la vie. La conviction n'est-elle pas le meilleur des stimulants?

Si, parfois, l'activité anarchiste est en sommeil, ce n'est pas la faute à l'éparpillement des efforts, mais bien à l'indolence, à l'apathie, à l'indifférence du plus grand nombre des individus, e tde ce que, chez eux, les idées ne sont pas encore passées à l'état de « convictions ».

*
* *

On a dit aussi « que nous vivions tous, plus ou moins, sur un certain nombre d'aphorismes, qui ne sont trop souvent que de doux oreillers; que ces principes ne résistaient pas tous, ou tout entiers, à une critique sincère et loyale ».

C'est très facile d'accuser les principes; mais, est-ce nous ou eux qui sommes dans l'erreur?

Sans doute, parfois, on a été trop absolu en certains cas; car l'absolu n'existe pas. Dans la vie, qui nous apprend à être tolérants, il nous faut, parfois, abandonner la ligne droite pour prendre un sentier, à droite ou à gauche. Mais si nous voulons atteindre le but que déterminent les conceptions que nous prétendons professer, il ne nous faut pas perdre de vue que ces « écarts », imposés par des circonstances plus fortes que notre volonté, que notre pouvoir, ne sont que des déviations que nous devons abandonner sitôt l'obstacle tourné, pour revenir à la ligne droite.

Un principe viendrait à nous être démontré faux, nous aurions à le reconnaître; mais que de fois ne semblent-ils tels que parce que nous ne savons pas en dégager la véritable ligne de conduite qu'ils impliquent.

*
* *

Une autre erreur des anarchistes, et de certains révolutionnaires, qui les empêchent de trouver les moyens d'action où ils pourraient dépenser leur besoin d'activité, c'est qu'ils ont le défaut de voir trop en grand.

Amener un adhérent aujourd'hui, un deuxième demain, est une besogne trop au-dessous de leurs aptitudes. Il leur faut, pour débuter, frapper des coups de maître. Si, lorsqu'ils veulent réaliser quelque chose, on ne répond pas en masse à leur premier appel, ils ne veulent pas s'attarder à faire la besogne ingrate, de marcher quand même au milieu de l'indifférence générale, de persister malgré tout, et contre tous, en accomplissant la besogne que permet le petit nombre d'individus que l'on a pu réunir, jusqu'à ce que, si l'idée est féconde, on ait pu réunir assez d'adhérents pour se faire entendre. Ils préfèrent déclarer que c'est la faute des autres.

C'est un peu dans le caractère français — et pas particulier aux anarchistes — de manquer d'esprit de suite.

Trouver l'idée à réaliser, chercher quelques camarades partageant là-dessus votre façon de voir, se partager la besogne selon les aptitudes, et commencer, ne serait-on que dix, et même que deux ou trois, jusqu'à ce que l'on soit vingt, cinquante, cent et des milliers ensuite, cela demandât-il cinq, dix, vingt ans, mais en y travaillant continuellement, sans trêve, recrutant les adhérents au fur et à mesure que se dessine l'œuvre entreprise, attirant à elle, peu à peu, tous ceux auxquels elle semblera utile et rationnelle, voilà ce dont peu sont capables. Il est bien plus simple de déclarer qu'il est impossible de rien faire tant que l'on ne se sera pas entendu.

***

Mais ces questions d'idées et de tactique sont beaucoup plus complexes qu'on ne se l'imagine.

Si un des principaux dogmes de l'anarchie — si j'ose m'exprimer ainsi — est la proclamation du respect de l'initiative individuelle, il faut avouer que, par contre, elle a été fort mal pratiquée, sinon pour se refuser à collaborer à l'œuvre des autres, parce qu'on n'en est pas l'initiateur, et aussi par le manque d'esprit de prosélytisme que je constatais plus haut. A ceux qui n'éprouvent pas le besoin de batailler par eux-mêmes, il ne vient pas l'idée qu'ils pourraient aider ceux qui sont dans la mêlée. Il y a tant de façons de déployer de l'initiative.

Il y a aussi ceux qui ne s'imaginent pouvoir faire quelque chose que s'ils sont en nombre, pour qui tout le révolutionnarisme consiste à aller faire du boucan dans la rue, et ne peuvent s'imaginer qu'une transformation dans les façons d'agir dans nos relations est une révolution autrement importante.

Mais, qu'il n'y ait pas équivoque, je n'entends nullement faire ici le procès du boucan dans la rue. Il est parfois très utile, même nécessaire, de casser quelques vitres pour se faire entendre. Il ne s'agit que de savoir employer chaque moyen à son heure.

Et puis, enfin, nous avons ceux qui ont un tempérament de « meneurs », et ce nom je ne l'emploie pas en mauvaise part. — Qui n'a pas passé par cet état d'esprit? — qui se voient, entraînant les foules, s'imaginant qu'ils pourront les diriger, les canaliser, les lancer à l'assaut de la « Bastille » quand et comme ils voudront.

Et alors ils voudraient avoir leur armée sous la main, et quoi de mieux de chercher à réunir tous les individus dans le même groupement? Si l'état d'esprit des premiers est celui de soldats à la recherche de généraux, les seconds sont des généraux à la recherche d'une armée.

Mais, pour ma part, je suis revenu de ces illusions. Lorsqu'on est orateur, ou beau parleur, on peut avoir — lorsqu'on est à la tribune — une certaine influence sur les foules. On peut les faire vibrer à l'aide de certains mots, de gestes appropriés, d'intonations étudiées, les exalter, les enthousiasmer.

Mais, pour faire la révolution, il faut des causes plus profondes, plus puissantes, qui sont l'œuvre d'un ensemble de faits dépassant le pouvoir d'un homme ou de quelques hommes.

Lorsque ces causes agissent sur les foules, il peut se trouver à point l'individualité qui saura déclancher l'effort qui les lancera à la ruée, mais il ne sera que l'accident fortuit qui, inévitablement, doit se produire.

Et alors, arrivé à cette conception, je m'inquiète fort peu si les anarchistes et les révolutionnaires font plus ou moins corps. L'œuvre individuelle de transformation qu'ils accomplissent autour d'eux me préoccupe davantage.

Mais, entendons-nous, lorsque je dis individuelle, j'entends les individus isolés, s'il s'en trouve qui ont le tempérament et l'énergie d'agir isolément; mais j'entends surtout les groupements d'affinités, estimant que l'initiative n'est pas annihilée parce que l'on s'associe entre gens qui pensent de même sur un but défini.

C'est du pur blanquisme, une autre face de l'esprit militariste, cette idée de « Sans-Patrie » qui, dans la *Guerre Sociale* prêche l'organisation des révolutionnaires en des espèces de régiments qui s'entraîneront à l'émeute, à la révolution.

L'exemple de Blanqui est là cependant pour démontrer que ces coups de force, préparés au sein des sociétés secrètes, n'éclatèrent jamais au moment psychologique, et que ces fameux cadres n'eurent jamais aucune influence sur la révolution ou n'importe quelle ruée dans la rue, qui éclataient toujours sans que les chefs occultes aient rien prévu.

La révolution, pas même une manifestation mettant aux prises la foule avec la police, n'a de chances de réussite que si elle est spontanée.

Or, les événements dépassent toujours les individus. Apprenons leur à savoir agir lorsque l'occasion se présente, au lieu de vouloir les diriger.

La révolution, elle-même, ne sera pas l'œuvre de meneurs plus ou moins influents, ni de groupements organisés dans le but de la faire éclater plus ou moins vite. Ils pourront, chacun dans leur sphère, préparer les esprits autour d'eux, y savoir accomplir leur besogne lorsqu'elle éclatera; mais la révolution ne sera amenée que par des causes assez puissantes pour secouer les masses, ne portera ses fruits que lorsqu'une nouvelle façon de penser aura pénétré dans les cerveaux, lorsque des besoins nouveaux, matériels, moraux et intellectuels seront assez forts pour impulser une minorité consciente. Et les efforts de cette minorité consciente, eux-mêmes, ne vaudront que si ces nouvelles façons de penser, ces nouveaux besoins, ont créé « l'ambiance » qui fait que la masse, sans le savoir en est elle-même touchée.

Et pour cela, ce n'est pas de rester « entre soi » pour se concerter sur ce qu'il sera mieux de faire lors de la révolution. Puisque l'on veut agir, c'est à préparer cet état d'esprit, à créer cette ambiance qu'il faut s'adonner.

Je ne veux pas dire, par là, qu'il n'y ait plus de propagande anarchiste à faire; que tout le monde ait son éducation faite. Combien d'anarchistes auraient besoin d'apprendre ce que c'est l'anarchie. A plus forte raison ceux qui ne connaissent de l'anarchie que ce que leur en a raconté la presse bourgeoise.

Mais cette besogne est l'œuvre de nos journaux, de nos brochures, de tous ceux qui, n'étant pas satisfaits des définitions fournies, ont leur propre définition à apporter. Cette œuvre, en réalité, reste la besogne d'un petit nombre, ou, pour beaucoup tout au moins, n'est pas de nature à absorber toute leur activité. Il reste des forces disponibles à exercer. A quoi peuvent-elles s'employer?

Il est absurde, d'abord, de vouloir amener les anarchistes à se concerter en vue d'un programme commun d'action. Il y a des différences de tempéraments, de caractères, qui entraînent des façons de voir les choses différemment. Et ces façons de voir et d'agir ont le droit de se faire jour et de s'exercer au même titre les unes que les autres. C'est pour cela que, malgré les difficultés de vivre, il y a tant de tentatives de journaux (abstraction faite des petites vanités personnelles). Et il n'est pas désirable que les anarchistes s'entendent pour établir un programme commun, ce ne pourrait être qu'au détriment des initiatives et de la naissance d'idées originales.

D'autre part, pour longtemps, très longtemps encore, les anarchistes ne resteront qu'une minorité infime, eu égard au chiffre total de la population, n'ayant qu'une action très restreinte sur la masse, condamnés à discuter éternellement sur ce qui pourra ou ne pourra pas être fait, s'ils continuaient à rester entre eux.

**
*

Il sera toujours impossible de réunir une masse importante d'individus, absolument d'accord, pour une action d'ensemble sur un programme d'idées générales. Les partis politiques n'y réussissent que par une telle imprécision, qu'ils n'arrivent à se maintenir qu'en s'abstenant de réaliser leur programme, quelque incolore ils l'aient conçu.

Mais, s'il est impossible de grouper des forces imposantes sur des programmes généraux, il y a tels et tels points particuliers des revendications sociales sur lesquels pensent la même chose, ou sur lesquels il leur est facile de s'entendre, un nombre considérable d'individus appartenant à des groupements socialistes et même politiques différents, points particuliers qui peuvent réunir en un seul bloc des forces assez considérables pour imposer à la société la transformation de tel ou tel rouage.

Les exemples abondent. Nous en avons en ce moment un qui est d'actualité : la disparition de Biribi. Jusqu'à

— 14 —

présent, ce ne sont que des protestations isolées qui se sont fait entendre. Le « Comité de défense sociale » a pris l'affaire en main, mais s'il se créait un groupement de pères et mères de famille, désireux de soustraire leurs fils au sort des Rousset et des Aernoult; si, au lieu de se faire les complices des chaouchs en laissant faire, tous ceux qui ont des fils que le même sort peut atteindre, — car une fois au régiment cela peut atteindre chacun, — formaient une ligue puissante, ils imposeraient à nos maîtres une mesure qu'ils ne sont assez forts pour refuser de prendre que parce que nos protestations sont isolées.

*
* *

En un autre ordre d'idées, tout le monde se plaint de la façon dont est pratiqué l'enseignement. Sous prétexte de faire la guerre à l'Eglise, l'Etat est parvenu à s'assurer, de fait, le monopole de l'éducation, à imposer sa surveillance et ses programmes aux écoles que, sans doute par dérision, on qualifie de libres.

Que tous ceux qui pensent que la personnalité de l'enfant, son originalité, doivent être respectés; que ceux qui veulent qu'on lui apprenne à penser par lui-même, et non lui fourrer des idées toutes faites dans la tête; que ceux qui veulent qu'on lui apprenne à choisir dans les idées qu'on lui soumet, et non en faire un perroquet qui ne sait que répéter ce qu'on lui a seriné, se groupent pour forcer l'Etat à changer ses méthodes, en attendant de pouvoir se passer de lui.

Si, au lieu, comme on est habitué, de toujours se plaindre et récriminer sans résultats appréciables, de toujours attendre de la Providence que les méthodes changent, on s'organisait pour les changer, je suis convaincu qu'il y a assez de gens désireux d'introduire des méthodes plus rationnelles dans l'éducation pour pouvoir, dès à présent, imposer des transformations heureuses dans l'enseignement.

Et comme il ne s'agit pas de remplacer une croyance par une autre, mais, bien au contraire, mettre l'élève à même de savoir se faire sa propre conviction, l'entente serait facile.

En cet ordre d'idées, nous faudra-t-il prendre exemple des catholiques qui se sont groupés en associations de pères de famille, en vue de résister à l'enseignement de l'Etat?

Ah! voilà, il faut se grouper, il faut agir, il faut faire quelques sacrifices, et surtout ne pas s'émotionner des échecs. Il faut avoir de l'esprit de suite, de la persévérance. C'est bien plus facile de déblatérer, chacun en son coin, de maudire l'Etat et croire que cela changera tout seul, un jour.

Quelques camarades ont pris l'initiative de faire revivre la ligue que Ferrer avait fondée dans ce but. Espérons qu'ils sauront se faire entendre, qu'ils auront assez de persévérance pour se maintenir, même si les adhésions étaient longues à venir, jusqu'à ce que, les individus ayant enfin compris que l'on obtient que ce que l'on sait imposer, les adhésions viennent assez nombreuses pour que la ligue puisse faire œuvre efficace (1).

D'autres camarades ont fondé la « Ligue pour la protection de l'enfance » (2). Je ne suis pas très sûr que celle-ci ne fasse pas double emploi avec l'autre; mais qu'importe, espérons que toutes deux pourront un jour, ayant pris force, essayer quelques réalisations.

Nous sommes à une époque où la puissance de la police est devenue formidable. Les républicains, sous l'Empire, se plaignaient avec raison de ses manœuvres policières. Après quarante ans de République, la police a fini par devenir le véritable gouvernement.

Sous l'Empire elle était occulte; on la désavouait lorsqu'elle se faisait prendre la main dans le sac; aujourd'hui elle s'étale et envahit tout. C'est elle qui commande, les ministres obéissent. Le véritable chef de l'Etat, ce n'est ni le président de la République, ni le

---

(1) Adresse: Ligue internationale pour l'Education rationnelle de l'enfance, 41, rue de Seine.
(2) Adresse: Roy, secrétaire, 73, rue Daguerre.

président du Conseil, c'est le préfet de police. Le mouchard ne se dissimule plus pour exercer son métier malpropre; c'est ouvertement qu'il s'infiltre dans tous les actes de la vie du citoyen. Et la presse n'est plus qu'une succursale de la rue de Jérusalem.

On sait quels anathèmes ont pesé sur l'Empire pour les fusillades de Saint-Aubin et la Ricamarie. C'est par douzaines qu'il faut compter ces actes de répression sous la République. A la moindre manifestation, on lance les policiers et la cavalerie sur les manifestants (1). Il n'y a pas de ministère qui n'ait quelques cadavres sur la conscience. C'est à se demander où cela finira.

Cependant, si les individus voulaient, ils pourraient résister à cet envahissement de mouchards. Nous ne devons pas être tombés si bas pour que cette ignominie ne répugne pas à la majorité des individus. Pourquoi ne se concertent-ils pas pour résister à ce chancre?

Et lorsque je parle de la police, je n'en disjoint pas la magistrature, qui n'en est qu'une autre face.

Il y a le « Comité de défense sociale », dont j'ai déjà parlé, et aussi la « Ligue des Droits de l'Homme ».

Celle-ci, formalise, étudiant les faits au point de vue légal, n'intervenant qu'au nom de la légalité, lorsqu'elle n'a pas été respectée. Le Comité de défense, lui, ne s'inquiétant guère de la légalité, mais s'insurgeant au nom de la conscience humaine. Ce sont deux modes différents d'action, mais rendant des services, et qui peuvent, dans beaucoup de cas — cela est arrivé — unir leurs efforts. Mais il faudrait que les adhérents arrivent par milliers au Comité de défense, que des sections fonctionnent dans chaque localité. Ici, l'action et la bonne volonté de quelques-uns ne peuvent suppléer au nombre. Lorsque le Comité comptera 50.000 adhérents décidés à le soutenir, il aura une action efficace journalière.

(1) Sans préjudice des chiens dressés à cet effet.

Nous sommes exploités par le commerce, à la merci de la rapacité des industriels, victimes de leur mauvais goût. Pourquoi ne s'unirait-on pas pour leur résister?

Il existe déjà des ligues d'acheteurs dont le seul but est d'imposer quelques réformes philanthropiques et ne visant nullement à une refonte sociale.

Leur but est respectable, mais insuffisant. Il faudrait fonder des ligues avec des buts plus largement économiques : résister aux augmentations de prix injustifiées, boycotter les produits fabriqués dans de mauvaises conditions pour les ouvriers, imposer des modèles esthétiques dans la fabrication des objets usuels, etc., etc.

Tout le monde se plaint des propriétaires. Une ligue de locataires pourrait faire beaucoup dans cette direction. Ici encore, résister aux augmentations injustifiées forcer les proprios aux réparations, aux travaux d'assainissement de leurs immeubles. Une grève générale de locataires serait une belle préface à la révolution (1).

Mais diront les révolutionnaires à panache : « Nous n'y voyons pas là l'action révolutionnaire, l'action dans la rue, la préparation de la révolution. »

Lorsque les individus, par leur seule action arrivent à imposer une limitation à l'arbitraire gouvernemental, à imposer de meilleures conditions à leurs exploiteurs, j'appelle cela de l'action révolutionnaire au premier chef.

Et, je l'ai dit plus haut, l'action dans la rue, ne s'organise pas.

Le travail incessant de ces groupes de revendications doit amener, de plus en plus, les individus à supporter plus difficilement l'arbitraire et l'exploitation, créant ainsi cet état d'esprit qu'on croit pouvoir créer à l'aide de la déclamation.

Il est évident qu'au fur et à mesure que croîtront leurs forces, ces groupements exigeront des mesures de plus en plus incompatibles avec l'état social actuel. État et

(1) Il existe, je crois, plusieurs groupements de ce genre, mais sans grande action, il faut croire, car, jusqu'ici, elle n'est guère apparente, s'ils en ont.

patrons ne voudront pas subir les continuelles exigences de ceux que, jusqu'ici, ils se sont habitués à mener et tondre à leur guise. Et alors, inévitablement se produiront des conflits qui, à certains moments pourront avoir leur répercussion dans la rue.

Aux individus conscients à savoir ce qu'ils auront à faire lorsque les circonstances se présenteront.

La Société future ne surgira pas spontanément des pavés soulevés. La révolution qui brisera les entraves qui arrêtent l'évolution, ne sera rendue possible que parce que cette évolution aura, justement, fait sentir plus vivement, la malfaisance de ces entraves.

En temps de révolution ne se développeront que les groupements qui auront déjà fait preuve de vitalité. Et les genres de groupements que nous venons de passer en revue ne sont que des groupements de lutte contre l'ordre social actuel — de même que les syndicats — et ne sauraient, par conséquent, fonctionner dans une société libre qu'en se transformant pour des actions nouvelles. Les ligues d'acheteurs, par exemple, pour la répartition des produits, et les ligues de locataires pour la répartition des logements. Mais il est bien difficile de changer les buts d'un groupement sans y apporter de perturbation préjudiciable à son fonctionnement. Il nous reste à voir s'il ne pourrait, dans la société actuelle, se former des groupements pouvant, tels qu'ils fonctionnaient avant la révolution, servir, après, d'amorce à des groupements nouveaux.

Quelle que soit l'illusion que professent à cet égard beaucoup de révolutionnaires, on ne réorganise pas d'en haut, et de fond en comble, une société. Pour que la société désirée soit stable, il faut qu'elle soit un groupement logique, normal, qui se développe et progresse au fur et à mesure qu'elle fonctionne.

Il faut donc, dès à présent, que les anarchistes trouvent des modes de groupement et de production qui, lorsque les dernières entraves seront abattues pourront remplacer les vieilles organisations déchues. Peut-être, en existe-t-il que nous ignorons.

Prenons, pour exemple, une société qui existe, une société d'esprit nullement révolutionnaire, qui ne vise qu'à des améliorations spéciales dans la société actuelle, le *Touring Club*. C'est un groupement qui, si je ne me trompe, s'était tout uniquement formé en vue de fournir en voyage quelques facilités à ses adhérents, et de leur procurer quelques avantages financiers.

Ce groupement a si bien répondu à son programme qu'il est devenu assez puissant pour, en dehors des avantages particuliers qu'il continue à procurer à ses membres, créer des routes nouvelles facilitant aux touristes l'accès de coins pittoresques, protéger les sites méritant d'être préservés lorsqu'ils sont menacés par la rapacité d'un propriétaire ou l'imbécilité administrative, et même s'occuper du reboisement des montagnes.

Voilà un groupement dont les attributions se sont étendues bien au delà de ce qu'il se proposait et qui, à mon avis, pourrait avoir son utilité dans la société future, en continuant son œuvre de préservation et de reconstitution des forêts, pouvant y adjoindre le dessèchement des marais, l'amélioraion des terrains incultes.

Si, dans un état social harmonique, il se trouvait des individus assez détraqués pour affirmer que, pour leur satisfaction personnelle, ils n'ont pas à tenir compte des autres individualités, ni à se préoccuper d'aucune considération, ils ne seraient pas dangereux par leur nombre, mais pourraient l'être par leur outrecuidance et leur ignorance, un groupement, comme le *Touring Club*, s'occupant de la défense d'intérêts généraux, aurait son utilité en face des prétentions d'aliénés de cette sorte, en opposant comme contre-poids son esprit « social » à l'individualisme outrancier qui prétendrait sacrifier l'intérêt général à une conception bornée des droits de l'individu.

C'est un exemple. Il peut y en avoir d'autres.

°
°°

Mais j'en suis fermement convaincu, on peut dès à présent constituer des groupements de production qui pourraient facilement s'adapter à la société future.

J'ai déjà cité bien souvent l'exemple suivant; mais, puisqu'il est bon, pourquoi ne pas le resservir encore?

Autrefois, il y a longtemps, c'était avant les lois scélérates, sous le nom de *Commune de Montreuil*, des camarades de cette localité émirent l'idée de se grouper et de cotiser, en vue de louer un atelier commun — auquel par la suite, aurait été adjoint un jardin maraîcher — où les adhérents seraient venus, aux heures de loisir, travailler à la production d'objets d'utilité ou d'agrément, selon leurs goûts et leurs aptitudes.

Pour cette fabrication, il aurait fallu se procurer de la matière première, bois, fer, cuir, étoffes, etc., on aurait fait appel à ceux qui auraient pu les fournir, et il se serait ainsi établi des relations d'échanges, où les uns auraient fourni les matériaux, d'autres l'effort, l'invention, d'où aurait été exclue toute valeur d'échange. Les camarades se proposaient même, lorsque les conditions l'auraient permis, de faire, à titre d'exemple, participer à la distribution des produits, sans rien demander en échange, ceux qui, sans être participants, auraient montré un intérêt quelconque à l'étude de leurs efforts.

L'idée était vague, manquait de précision; mise à exécution, la pratique aurait indiqué le mode de fonctionnement qu'il aurait fallu y adapter.

Mais vint la répression de 93-94; ces camarades furent emprisonnés, dispersés, l'idée ne fut jamais reprise. Il y avait cependant une indication.

**

Nous nous plaignons tous que les marchands ne nous vendent que de la camelote, que le mauvais goût des industriels encombre notre vie journalière d'ustensiles et de meubles ignobles dont la maladaptation à leur usage n'a d'égale que leur laideur; est-ce que ceux qui sentent le besoin de s'entourer d'objets confortables tout en étant agréables à voir, ne pourraient pas s'unir pour les fabriquer eux-mêmes?

Ainsi, pour les meubles, je vois très bien des camarades ébénistes, menuisiers, serruriers, tapissiers, dessinateurs, sculpteurs, se groupant pour créer des modèles à leur goût, et étendant leur groupement à ceux qui pourraient leur envoyer la matière première dont ils auraient besoin.

Evidemment, dans ces premiers essais, ça ne serait pas la libre participation à la consommation, mais, même pour la société future, je ne vois pas les individus produisant, comme des aveugles, toujours le même produit, pour des gens qu'ils ne connaissent pas. Je vois les gens se groupant toujours en vue de satisfaire des besoins connus.

Mais pour en revenir aux groupes de la société actuelle, s'il y avait, chez eux, échange de produits, on aurait tout au moins, dès le début, supprimé la valeur d'échange, et, selon la largeur d'idées des participants, ces échanges pourraient se faire avec une tolérance plus ou moins large.

Et ce qui peut se faire pour les meubles peut se faire pour toute sorte de produits. La question d'outillage n'est pas insurmontable, d'autant plus que l'on peut donner son bois à scier selon les modèles, faire fondre le métal dont on a besoin et se passer ainsi d'acheter un outillage mécanique trop onéreux.

**

On objectera la difficulté, pour celui qui travaille pour gagner sa vie, de trouver le temps nécessaire à s'employer à tout ce qui sollicite son activité.

Les conditions de travail sont fortement améliorées. On travaille moins d'heures; presque plus personne ne travaille le dimanche. D'autre part, croit-on que notre affranchissement nous viendra tout seul, si nous ne savons pas faire l'effort qu'il nécessite?

Ensuite, il ne s'agit pas de faire une production intense. La valeur du groupement ne consistera pas dans la quantité d'objets qu'il aura produit, mais dans la valeur et le nombre des individus qu'il aura unis, dans la camaraderie de leurs rapports, dans l'étendue de leurs relations.

Ici, on le remarquera, les individus ne seront pas groupés corporativement, ni en vue de coopérer à une seule branche de production. Ce seront leurs besoins qui les auront réunis, et la diversité des matériaux employés aura pu réunir dans le même groupe des gens exerçant des métiers différents. C'est là, selon moi, la véritable base de l'organisation sociale future.

Ces groupes auront certainement besoin les uns des autres, c'est un autre stade de l'évolution qui agrandira le cercle des relations et permettra à chacun de trouver la satisfaction de tous ses besoins, car il est bien entendu qu'au cours de son existence il ne pourra pas travailler à la fabrication de chacun des objets qui lui seront nécessaires.

*
* *

Mais si, dans la société future, il sera impossible à l'individu de participer à tous les groupements qui pourront solliciter son activité, à plus forte raison dans la société actuelle. Laissons à la société future le soin d'empêcher qu'il en subisse un dommage et voyons ce qu'il peut faire dès maintenant.

Il est bien entendu que chacun ne participe qu'aux œuvres qui répondent à sa façon de voir; mais sa façon de comprendre les choses peut être très large, et ses facultés d'action sont forcément restreintes; il lui faudra donc choisir.

Mais, si le même individu ne peut être militant dans chaque groupe, cela n'est pas nécessaire du reste, il peut y adhérer pour jouir des avantages qu'il procure, laissant à ceux que cela intéresse plus particulièrement le soin d'y agir. Cela est utile à l'individu et au groupe, car il est de toute nécessité que les groupements soient puissants par le nombre, non seulement parce que le nombre est une force, mais aussi parce que seul le nombre peut fournir l'appoint financier, qui est une autre force.

Je sais fort bien que l'argent ne remplacera jamais l'initiative et la volonté, mais il peut leur être d'un grand secours.

Quand je pense à toute la besogne que l'on pourrait faire, et que l'on ne fait pas, parce que les fonds nécessaires manquent, à tout le temps dépensé — et qui pourrait l'être beaucoup mieux — pour trouver la pièce de cent sous qui permet de faire paraître le journal à l'heure, d'éditer une misérable petite brochure, je ne puis que déplorer toute l'énergie gaspillée.

L'individu doit donc se faire inscrire à tous les groupements dont il approuve l'action, dans la mesure, évidemment, que lui permet son budget, mais plus les groupements seront puissants en nombre, plus basses ils pourront mettre les cotisations.

Le *Touring Club*, dont je parlais tout à l'heure, pour accomplir toute la besogne qu'il fait, ne demande que 5 francs par an à ses adhérents.

Du reste, si les aptitudes de l'individu peuvent être variées, elles ne peuvent — sauf de rares exceptions — être égales en chaque ordre d'idées, c'est déjà une limitation. A chacun de savoir choisir la besogne où ses efforts peuvent rendre le maximum d'effets.

Lorsque chacun aura bien compris cela, on aura fait un grand pas vers la réalisation des idées que, jusqu'à présent, beaucoup se contentent d'affirmer. On aura trouvé les formes de groupement, non seulement pour « agir », mais qui doivent permettre à la société de demain de remplacer celle d'aujourd'hui.

 L'Espérance, imprimerie Communiste, 1 et 3, rue de Steinkerque, Paris (18ᵉ)

A LIRE

Notre Société est travaillée par un malaise général qui se traduit par des conflits que nos gouvernants solutionnent dans la rue par des coups de fusils; à la Chambre, par des lois, dites ouvrières.

Les travailleurs ne savent pas davantage où trouver le remède. Tantôt, ils refusent toute confiance aux députés, aux gouvernants, et, aux périodes d'élection, ils se précipitent aux urnes pour en faire sortir celui qui leur aura fait les promesses les plus mirobolantes.

Devant le renchérissement de la vie, ils n'ont d'autre solution que de faire augmenter leur salaire, ce qui entraîne une nouvelle hausse des produits. Ce petit jeu peut durer indéfiniment.

S'ils veulent sortir un jour de leur situation précaire, il faut que les ouvriers apprennent quelles sont les causes de leur misère, et en cherchent eux-mêmes les moyens. La lecture des *Temps Nouveaux* pourra les aider.

Il existe une légende que la lecture en est ardue. C'est une erreur propagée par ceux qui s'imaginent qu'un journal doit leur apporter la solution de tous les problèmes. Evidemment, la lecture d'un article sociologique n'est pas aussi distrayante ni aussi amusante qu'un roman de Paul de Kock, mais il n'y a nullement besoin d'études préparatoires pour le comprendre.

Les collaborateurs des *Temps Nouveaux* n'ont pas la prétention d'apporter une solution toute faite à tous les maux sociaux. Ils espèrent seulement amener le lecteur à réfléchir par lui-même.

Le Service de quelques exemplaires sera fait gratuitement aux adresses qu'on voudra bien faire parvenir à l'administrateur, 4, rue Broca, Paris.

LES "TEMPS NOUVEAUX" Paraissant tous les 8 jours avec un Supplément littéraire. 10 cent. le numéro. — Administration : 4, rue Broca.
ABONNEMENT : France, un an, 6 fr.; Extérieur, 8 fr.

EN VENTE AUX "TEMPS NOUVEAUX"

Aux Jeunes Gens, par Kropotkine, couverture de Roubille.
L'Education libertaire, par D. Nieuwenhuis, couverture de Hermann-Paul.
Enseignement bourgeois et Enseignement libertaire, par J. Grave, couverture de Cross.
Le Machinisme, par J. Grave, couverture de Luce.
Les Temps Nouveaux, par Kropotkine, couverture de C. Pissaro (épuisé).
Pages d'histoire socialiste, par W. Tcherkesoff.
La Panacée-Révolution, par J. Grave, couverture de Mabel.
A mon Frère le Paysan, par E. Reclus, couverture de Raieter.
La Morale anarchiste, par Kropotkine, couverture de Rysselberghe.
Déclarations d'Etiévant, couverture de Jehannet.
Rapports au Congrès antiparlementaire, couverture de C. Dissy.
La Colonisation, par J. Grave, couverture de Couturier.
Entre Paysans, par E. Malatesta, couverture de Willaume.
Le Militarisme, par D. Nieuwenhuis, couv. de Comin'Ache (en réimpression).
Patrie, Guerre et Caserne, par Ch. Albert, couverture d'Agard.
L'Organisation de la Vindicte appelée Justice, par Kropotkine, couverture de J. Hénault.
L'Anarchie et l'Eglise, par E. Reclus et Guyou, couverture de Daumont.
La Grève des Electeurs, par Mirbeau, couverture de Roubille.
Organisation, Initiative, Cohésion, par J. Grave, couverture de Signac.
Le Tréteau électoral, piécette en vers, par Léonard, couverture de Heidbrinck.
L'Election du Maire, piécette en vers, par Léonard, couverture de Valloton.
La Mano Negra, couverture de Luce.
La Responsabilité et la Solidarité dans la lutte ouvrière, par Nettlau, couverture de Delannoy.
Anarchie-Communisme, par Kropotkine, couverture de Lochard.
Si j'avais à parler aux Electeurs, par J. Grave, couverture de Hermann-Paul.
La Mano-Negra et l'Opinion française, couverture de Hénault.
La Mano-Negra, dessins de Hermann-Paul.
Entretien d'un Philosophe avec la Maréchale, par Diderot, couverture de Grandjouan.
L'Etat, son rôle historique, par Kropotkine, couverture de Steinlen.
Militarisme, par Fischer.
La Femme esclave, par Chauchi, couverture de Hermann-Paul.
Deux Tsars, par M. S.
Vers la Russie libre, par Bullard, couverture de Grandjouan.
Le Syndicalisme dans l'Evolution sociale, par J. Grave, couvert. de Naudin.
Les Habitations qui tuent, par Michel Petit, couverture de Frédéric Jacque.
Le Salariat, par P. Kropotkine, couverture de Kupka.
Evolution-Révolution, par E. Reclus, couverture de Steinlen.
Les Incendiaires, par Vermesch, couverture de Hermann-Paul.
La Vérité sur l'Affaire Ferrer, par Auguste Bertrand, couv. de Luce.
Comment l'Etat enseigne la Morale.
Le Coin des Enfants, 2e, 3e série, chaque, brochés.
Le Coin des Enfants, 1re, 2e et 3e série, chaque, reliés.
Terre libre, par J. Grave.
Patriotisme, Colonisation, illustré.
Guerre, Militarisme, illustré.
Les Prisons, par Kropotkine, couverture de Daumont.
L'Esprit de Révolte, couverture de Delannoy.
L'Anarchie, par Malatesta.
L'Enfer militaire, par A. Girard, couverture de Luce.

Sous presse :
Sur l'Individualisme, par Pierrot, couverture de Maurin.
Aux Femmes, par Gohier, couverture de Luce.

www.ingramcontent.com/pod-product-compliance
Lightning Source LLC
Chambersburg PA
CBHW060627050426
42451CB00012B/2470